AF260090

PRÉCIS

DE LA

DÉFENSE DE CARRA,

DÉPUTÉ

A LA CONVENTION NATIONALE;

CONTRE SES ACCUSATEURS,

L'an II de la République Française une et indivisible.

AVIS PRÉLIMINAIRE

Du Précis de ma défense.

LE rapport d'*Amar* pour le décret d'accusation contre les Députés détenus, n'ayant point encore été imprimé ni communiqué à aucun de ces Députés, j'ai, pour mon compte, basé ma Défense sur les calomnies si souvent répétées contre moi, sur-tout depuis quatre ou cinq mois, comme ayant donné lieu à l'accusation qui me concerne, comprise dans le rapport général d'*Amar*.

N. B. Toutes les Pièces, tous les Articles des Annales Patriotiques, les Lettres, Rapports et autres preuves matérielles cités dans le Précis de ma Défense, seront déposés sur le bureau du Tribunal Révolutionnaire, au nombre de près de cinquante. J'en pourrois citer et déposer mille.

PRÉCIS

*De la défense du Citoyen CARRA,
Député à la Convention Nationale,
contre ses accusateurs.*

CITOYENS JUGES ET JURÉS,

L'homme qui paroît aujourd'hui devant votre tribunal, est le même qui depuis 20 ans, fait la guerre aux tyrans et prêche la liberté des nations (1).

Qui en 1786, attaqua dans *un petit mot de réponse*, le déprédateur Calonne, alors ministre tout puissant; qui, en Février 1789,

______

(1) Voyez mon ouvrage intitulé : *le systême de la raison*, imprimé en 1773, à Londres, et dont je dépose un exemplaire sur le bureau du tribunal.

A

fit paroître contre la ci-devant Cour, *l'Orateur des Etats-Généraux*, ouvrage imprimé chez Garnery, libraire, et dont il y a eu plus de 50 éditions en France; qui, depuis quatre ans, a donné les premiers élémens de cette liberté et de l'égalité civile, à plusieurs millions d'hommes, à ceux-là même qui l'abandonnent ou le persécutent en ce moment. Qui, dans ses feuilles patriotiques, a désigné, comme dignes d'être appelés à la législature et à la convention une grande partie de ceux qui siègent à la montagne, et qui, par erreur ou par surprise, l'ont décrété d'accusation pour prétendue cause de royalisme et d'intention contre-révolutionnaire.

Citoyens, je n'étois ni de la commission des douze, ni de la liste des vingt-deux. Je n'ai point signé de déclaration. J'ai voté contre l'appel au peuple, pour la mort du tyran et contre le sursis. (Je dépose mon opinion imprimée à ce sujet, sur le bureau). J'ai voté la constitution avec les autres membres de la Convention, au mois de Juin dernier; j'ai signé cette constitution dans ma section de 1792. J'en ai prêché l'acceptation dans mes feuilles patriotiques, notamment dans celles des 4 et 19 juin, premier, 4, 6 et 22 juillet de cette année. J'ai demandé dans ces mêmes

(3)

feuilles, que chaque membre de la Convention rendît compte de sa fortune à la fin de la
session (1). J'étois de retour à Paris depuis le
21 Juin dernier; et loin de fuir, ainsi qu'on
me l'a conseillé, lorsqu'on m'apprit le décret
d'accusation contre moi, j'ai quitté le jardin
national où j'étois alors, pour voler à l'Assemblée.

J'ai toujours vécu fort retiré ; mais sur-tout
depuis le moment de la Covention. Depuis ce
moment comme auparavant, je ne me suis
jamais trouvé à aucune assemblée particulière,
à aucun conciliabule quelconque , nulle
part.

Les seuls Bréard et Merlin de Thionville,
une seule fois, ont dîné chez moi. J'ai dîné
deux fois chez *Sillery* , au retour de notre
commission de l'année dernière ; deux fois
à l'auberge avec la députation du Pas-de-Ca-

____

(1) Mes ennemis qui veulent me calomnier sous tous
les rapports , font courir le bruit que j'ai acheté depuis peu ,
un bien considérable. Cette acquisition consiste en une
très - petite maison et un jardin de trois quarts d'arpent. Je
n'ai pas encore payé en entier le petit domaine dont le prix
est de 12000 liv.; on peut vérifier le fait chez le citoyen
Mautort , notaire , rue Vivienne , qui a passé le contrat de
la vente , et au greffe du tribunal de Montmorency où
sont les lettres de ratification.

A 2

lais et celle du département du Nord ; une fois avec quelques députés de Saône et Loire ; pas une seule fois avec celle de la Gironde, ni avec aucun autre député, quelque estime que j'eusse et que j'ai encore pour un grand nombre de mes collègues. Il sembloit que je prévoyois les calomnies de l'avenir. Je défie donc personne, sur ce point, comme sur tout le reste, de me donner aucun démenti.

Je n'ai point participé au décret d'accusation contre Marat ; j'étois parti le 12 Mars dernier, avec mon collègue Aguis, pour Fontenay-le-Peuple, à 130 lieues d'ici, et je ne suis revenu à Paris, que le 23 Avril, pour demander au comité de salut public, de prompts secours contre les rebelles de la Vendée.

J'étois un des quarante ou cinquante qui restèrent fermes et fideles aux Jacobins, le lendemain du massacre du Champ-de-Mars, et qui continuèrent à tenir les séances permanentes de cette société, les jours suivans. J'en atteste le courageux Dufourny président du département et les braves patriotes qui ont tenu ferme, comme moi, dans cette occasion, malgré les menaces et la physionomie funeste des aristocrates et des royalistes qui triomphoient.

Si depuis mon retour de l'armée du centre au mois de Novembre 1792, j'ai discontinué

(5)

de suivre les séances des Jacobins, c'est que
ma santé, t ès-altérée et mes travaux forcés,
ne me permettoient plus de sortir le soir. Mais
ces sociétés avoient tant d'attraits pour mon
patriotisme, qu'au mois d'Avril dernier à
Fontenay - le - Peuple, je rétablis celle qui
existoit auparavant dans cette ville et qui avoit
été interrompue par les premières irruptions
des brigands de la Vendée. Je me joignis avec
mes collègues à Saumur, pour la même opé-
ration, au mois de Mai dernier, et j'assistois
aux séances de cette société régénérée, jusqu'au 29 Mai dernier, jour où je partis pour
Paris, avec mon collègue Julien de Toulouse,
en vertu d'un arrêté de la commission centrale de Saumur, pour conférer de nouveau
avec le comité de salut public, sur les affaires
de la Vendée. Pendant cette dernière absence,
et depuis, on n'a cessé de me calomnier.

Qu'ai-je fait? J'ai répondu à mes calomniateurs dans les annales, et j'ai cru que
les explications franches, positives, et bien
constatées que je donnois de ma conduite,
devoient suffire; j'ignorois qu'on égaroit les
bons patriotes sur mon compte, par la raison
seule, que je ne venois point me justifier à la
tribune de la société des Jacobins : tout mon
crime consiste donc à n'avoir point fait cette

A 3

démarche, et je ne l'ai point faite, parce que j'ai cru que l'altération de ma santé et mon intacte réputation de vrai républicain, pouvoient m'en dispenser. Il est bien affreux, sans doute, que dans un siècle aussi éclairé que le nôtre, une pareille circonstance puisse être en effet la véritable cause des soupçons et du décret d'accusation contre moi; car je viens de démontrer assez authentiquement, le patriotisme et la pureté de ma conduite! je vais démontrer maintenant l'absurdité et l'iniquité des différens objets du décret, contre moi par des preuves matérielles et par la comparaison de mes moyens de défense avec ceux de Marat.

Mes moyens de défense comparés avec ceux de Marat, acquité par le tribunal révolutionnaire, du décret d'accusation porté contre lui , par la Convention nationale.

MARAT fut accusé, 1°. d'avoir provoqué dans ses feuilles, au brigandage, au meurtre; et 2°. d'avoir fait des prédications en faveur du Triumvirat, du Tribunat et de la Dictature. Cet article des prédications en faveur du Triumvirat, et de la Dictature, avoit paru six mois après l'abolition de la royauté et l'établissement de la république, malgré un décret qui condamnoit à mort tout homme qui oseroit proposer un roi, ou aucune espèce de Dictature, de Triumvirat ou de Tribunat.

J'ai été accusé d'avoir fait l'éloge du duc d'Yorck en 1791, et celui de Brunswick en Juillet 1792, en parlant d'un changement de Dynastie. Mais ces éloges et mes opinions politiques, spontanées sur un changement de Dynastie, n'ont eu lieu que long-tems avant l'abolitiou de la royauté et l'établissement de la république. Voilà la différence frappante entre les motifs d'accusation contre moi et ceux énoncés contre Marat.

D'un autre côté, les Jacobins, au 16 juillet 1791, approuvèrent et signèrent une pétition présentée à l'Assemblée nationale, où il étoit question d'un changement de Dynastie. Je ne sais comment cela s'est fait, mais je n'ai pas signé cette pétition.

Marat, dans l'exorde de ses moyens de défense, a dit : qu'une moitié de sa vie a été employée à l'étude des *loix de la nature*, et que depuis vingt, il avoit combattu sans relâche pour la défense des droits de l'homme et celle des peuples opprimés....... Je dis la même chose de mon côté, et je le prouve, pour le premier point, par un de mes ouvrages, entr'autres assez connu, ouvrage en 4 vol. *in-8°*, *les nouveaux principes de physique*, qui m'a coûté cinq années de travail et qui a paru en 1781, à Paris chez Morin, libraire ; et pour le second point, par mon *systéme de la raison*, imprimé à Londres, en 1773, c'est-à-dire, il y a 20 ans, et dont la troisième édition a paru l'année 1791, chez Buisson, libraire. Si Marat a été l'ami et le défenseur du peuple de Paris, et l'ennemi des Lafayette et des autres traîtres de cette espèce, j'ai été moi, de mon côté, non-seulement aussi l'ami et le défenseur du peuple de Paris, mais du peuple de tous les départemens ; mais le grand découvreur de complots, mais le grand dénonciateur des aristocrates et des feuillans, mais l'ennemi bien célèbre et bien prononcé de tous les tyrans de l'Europe et l'investigateur bien actif de leur politique perfide et barbare ; j'aurois changé ! et pourquoi ? Pour convertir ma réputation républicaine et ma dignité de représentant du peuple en celle d'un vil courtisan des rois, dont l'orgueil ne pardonne jamais ceux qui les ont offensés une seule fois ; et moi je les ai tous traînés mille fois dans la boue.

Marat a cité les services qu'il a rendus de

puis la révolution et sur-tout en 1789; je ne les lui dispute pas; mais il me sera permis, sans doute, de citer les miens depuis cette époque, non-seulement par mes écrits et mes journaux, mais par ma motion insérée au premier volume des procès-verbaux des électeurs réunis de Paris, le 11 juillet 1789, pour armer les citoyens de Paris; et par le rôle que j'ai joué dans le comité secret des fédérés qui ont fait la révolution du 10 Août 1792.

Marat a rappelé les calomnies et les dangers auxquels il a été continuellement en but; et moi ai-je dormi tranquille? Que de calomnies vomies chaque jour contre moi, (car je ne me suis jamais caché, ni absenté un seul instant pendant les grands orages, comme pendant les moment de calme, et n'ai jamais discontinué mon journal), par les Gautier, les Durosoy, les Cerisier, et souvent même par des patriotes égarés, ou pleins d'une basse jalousie contre mes succès en faveur de la liberté! Deux fois j'ai failli être assassiné sur les boulevards de la Chaussée d'Antin, par des hommes apostés que j'ai heureusement aperçus. Cent fois j'ai reçu des lettres d'aristocrates et de royalistes qui m'annonçoient leur arrivée à Paris pour venir me poignarder. Je n'ai jamais fait valoir toutes ces circonstances ; je méprisois trop ce qui pouvoit me concerner au milieu des grands intérêts de la patrie dont j'étois et suis sans cesse occupé. Ce n'est qu'aujourd'hui que je suis forcé d'en parler, et c'est à mon grand regret ; c'est une véritable humiliation pour ma philosophie.

Marat a dit que le décret d'accusation contre lui, n'a été rendu que dans le tumulte des passions, et après une lutte de vingt - deux heures, et qu'il ne pouvoit être regardé comme l'expression de la volonté générale, attendu qu'il n'avoit été rendu qu'à la majorité de cent dix voix contre quatre-vingt-treize.

Moi, je dis que le décret contre moi a été proposé comme je venois de sortir de la salle, à quatre heures un quart, et rendu en un clin d'œil en mon absence, sans discussion, sans appel nominal, et sans que la plus grande portion de l'Assemblée se soit levée, ni pour, ni contre. J'ajoute qu'étant rentré pour demander le sujet de ce décret d'accusation, on ne m'a pas laissé deux minutes pour répondre à mes accusateurs ; que j'ai été interrompu avec violence différentes fois, et forcé enfin de me taire ; et que l'alternative pour le oui ou le non du maintien du décret ayant été mise aux voix, la grande majorité de l'Assemblée n'a point délibéré en ne se levant, ni pour, ni contre. Cette différence de circonstance est remarquable.

Marat a dit que l'acte d'accusation porté contre lui, ne portoit que sur quelques opinions politiques qu'il avoit déjà manifestées à la tribune, avant de les publier ; et il cite à cette occasion l'art. 17, section 5 de l'acte constitutionnel, révisé par Chapelier. *Les Représentans de la Nation sont inviolables, et ils ne peuvent être accusés, recherhés et jugés pour ce qu'ils auroient dit, écrit ou fait dans l'exercice de leurs fonctions.*

Moi, je dis que mes opinons politiques purement spontanées sur un changement de dynastie, n'étoient pas un secret ; elles furent publiées dans les annales patriotiques vers la fin de 1791 ; et jamais en suite dans aucuns de mes écrits, si ce n'est pour en développer les motifs et répondre aux calomnies qu'on lançoit contre moi à ce sujet. Ces opinions, ainsi que les calomnies débitées à leur occasion par les journaux aristocrates et vendus à la cour, tels que la gazette universelle de Cerizier, étoient si peu susceptibles d'interprétation contre mon patriotisme et ma probité républicaine, que je fus nommé au mois de Septembre suivant, par neuf départemens, à la

Convention nationale (1). Comment se fait-il donc que ces mêmes opinions , dont j'ai plusieurs fois expliqué le motif contre-machiavélique dans les annales des 9 Janvier, 13 Février et 29 Avril 1792 , longtems avant l'abolition de la royauté, et que depuis j'ai couvert par les sorties les plus vigoureuses contre les tyrans de Prusse , de Brunswick et d'Angleterre, dans les mêmes annales des 3 , 8, et 20 Août , 3, 5, 8, 9. 20, et 23 Septembre , 16 Novembre , 18 Décembre 1792 , 12 et 15 Janvier, 3 Février, 4 Mars et 2 Mai 1793 ; comment se fait-il dis-je , que ces opinions deviennent aujourd'hui un motif

____

(1) Je présenterai au tribunal, les lettres qui m'annonçoient ces nominations dans les départemens de Saône et Loire , la Charente , l'Orne , la Somme , l'Eure , les Bouches - du - Rhône et le Gers ; et j'observe et prouve par les dates des lettres d'avis que je n'en avois encore reçu aucune , lorsque j'offris à l'Assemblée législative la boîte de Frédéric Guillaume , le 8 Septembre 1792. Ainsi ce n'étoit pas pour aller en commission à l'armée du centre , le 24 Septembre suivant , que je faisois cette offrande , puisque je n'étois point encore député à la Convention. Ce n'étoit pas non-plus pour être nommé à la députation , puisque mon offrande étoit trop tardive pour être sue à tems dans les départemens. On verra dans la suite de ce précis , d'autres éciaircissemens sur cette boîte , qui a donné lieu à tant de contes absurdes et de soupçons indignes des hommes justes et réfléchies.

d'accusation contre moi ? N'est-ce pas le comble de l'iniquité ou d'une ignorance aveugle et opiniâtre dans son aveuglement ? Où est la loi qui défendoit, avant l'établissement de la république, de publier dans les journaux ou dans les sociétés populaires des opinions politiques sur un changement de dynastie, et l'éloge de quelques princes étrangers. Marat a publié ses opinions politiques sur le dictatoriat, le tribunat et le triumvirat après que la loi contre ses opinions a été décrétée; et l'inviolabilité de sa qualité de représentant du peuple, suivant la constitution qui existoit a'ors, l'a sauvé avec raison ; et moi j'ai publié les miennes, non-seulement avant la loi, mais avant le 10 Août 1792. L'éloge que j'ai fait de Brunswick dans ma feuille du 26 Juillet 1792, est pris dans la correspondance secrette de Mirabeau sur la cour de Berlin. J'ai copié cet éloge par deux raisons, la première pour donner de la jalousie à l'Autriche, ce qui est prouvé par l'article même, et la seconde pour détacher Brunswick et le roi de Prusse de la coalition. On fait quelquefois l'éloge de ses ennemis ; je l'ai fait souvent de ceux qui me calomnient et m'oppriment aujourd'hui ; c'est que je les croyois alors justes et incorru ptibles; mais aujourd'hui que dois-je penser ? Du reste je n'ai jamais vu Yo:ck ni Brunswick ni eu aucune espèce de relation avec eux.

Je reviens à ma question et je demande où est la loi qui pourroit me punir de mes opinions politiques publiées en 1791, et en Juillet 1792 : l'article 14 de la déclation d s droits de l'homme insérée dans notre constitution républicaine est conçue en ces termes : n l ne doit être jugé et puni qu'après avoir été entendu ou légalement appelé, *et qu'en vertu d'une loi promulguée antérieurement au délit.* LA LOI QUI PUNIROIT DES DÉLITS COMMIS AVANT QU'ELLE EXISTAT SEROIT UNE TYRANNIE ; L'EFFET RÉTROACTIF DONNÉ A LA LOI SEROIT UN CRIME. J'observe donc 1°. que la liberté d'opinions existoit en 1791 et en 1792 ; 2°. que la république n'étoit point décrétée lorsque j'ai publié des opinions politiques sur un changement de dynastie, et l'éloge d'un prince étranger ; 3°. que 23 articles insérés sous mon nom dans les annales patriotiques, depuis Juin 1791 jusqu'au 23 Septembre 1792, et antérieurs à l'établissement de la république, expliquent d'eux-mêmes et sans commentaire ces opinions ; 4°. que 25 autres articles dans les mêmes annales, depuis Octobre 1792, jusqu'à la fin de Juillet 1793, prouvent authen-

(15)

tiquement ma haîne pour Frédéric Guillau=
me, Brunswick, Pitt, Yorck et la cour d'Angleterre ; 5°. qu'il n'y a et ne peut y avoir
aucun témoin , aucune preuve matérielle ,
civile, ou verbale d'aucune correspondance
quelconque , directe ou indirecte entre moi
et aucune des puissances ou tyrans , princes
ou rois coalisés contre nous; 6°. et enfin que
cette accusation après coup, cette recherche
rétrograde d'une opinion publiée en 1791, et
de l'éloge d'un prince étranger en Juillet 1792,
montrent toute l'iniquité ou l'absurdité de
cette même accusation.

C'est en 1791, à l'occasion de la fuite et des
nouvelles trahisons de Capet et de son incor-
rigibilité et du massacre du champ de Mars ,
que j'ai parlé d'un changement de dynastie ,
non en faveur de la maison d'Autriche qui
nous a fait tant de mal depuis 200 ans, mais en
faveur d'une maison ennemie naturelle de
l'Autriche. Or , mon objet étoit évidemment aux yeux des hommes tant soit peu ex-
exercés à la politique des cours et à la connoissance du cœur humain, d'exciter entre
les tyrans déjà coalisés par le traité de Pilnitz
des jalousies, des défiances et enfin la rup-
ture de la coalition , ou bien un amendement
sérieux dans la conduite de la ci-devant cour.

(16)

(lisez les annales des 9 Janvier, 13 Février
et 29 Avril 1792). Je pourrois dire même
aujourd'hui que ces opinions politiques et
contre - machiavéliques commencent à faire
leur effet, car l'Autriche et la Prusse sont bien
près de se diviser, et la derniere de quitter la
coalition. Un jour niais trop tard peut-être
on comprendra cette politique que mes ennemis ne comprennent pas ou affectent de ne
pas comprendre, et dont ils me font un crime
en vertu de leur erreur ou de leur mauvaise
foi. Mais ce qui doit bien montrer au doigt
et à l'œil d'où partent originairement les traits
de la calomnie qui m'a sans cesse poursuivi,
et me traine aujourd'hui devant un tribunal,
c'est que dans les crimes qu'on me suppose,
dans les fables de conspirations, il n'est jamais
question de la maison d'Autriche, ni de ce
que j'ai fait en sa faveur. N'est-il donc pas
bien évident que cette maison veut se venger
de ce qu'en préférant, dans mes opinions
politiques, antérieures à l'abolition de la
royauté, les familles de Prusse et d'Angleterre
à la sienne, j'ai eu en vue, non-seulement de
l'humilier, mais d'exciter des jalousies et une
désunion qui commence à se réaliser aujourd'hui entre les tyrans coalisés. Voilà mon
grand crime, et ce sont des républicains, mes
freres

freres et compatriotes qui me font ce crime
au gré de l'Autriche !

On me fait un crime d'avoir offert en don
patriotique à l'Assemblée, une boîte d'or du
roi de Prusse, et on a l'air de laisser croire
que j'ai rapporté cette boîte de ma mission
à l'armée du centre, et qu'elle est le prix d'un
accord avec Dumouriez, pour faire évader
l'armée combinée des tyrans coalisés, alors
embarrassée en Champagne. Ceux qui ont in-
venté cette fable vont voir matériellement,
jusqu'à quel point leur imagination s'est éga-
rée et brouillée sur tout cela. La boîte d'or
que j'ai offerte à l'Assemblée législative, et
non à la Convention, m'a été envoyée en
1783, pour la dédicace d'un de mes ouvrages
intitulé : *nouveaux principes de physique*;
en voici la preuve écrite et matérielle dans la
lettre suivante, qui m'annonçoit la boîte et
dont l'original signé du roi de Prusse lui-même,
sera présenté au tribunal révolutionnaire.

« *Monsieur, je reçois toujours avec un
nouveau plaisir les preuves réitérées que
vous me donnez de votre attachement. Je
souhaite pouvoir vous donner un jour des
preuves plus particulières du cas que je fais
de votre savoir et de vos connoissances.
En attendant j'ai chargé M. de Croisilles*

*de vous remettre de ma part une tabatiere,
en reconnoissance de la dédicace que vous
avez bien voulu me faire de vos savans ouvrages. Recevez-la comme une preuve de
mon affection et de l'estime avec laquelle
je suis, votre affectionné.*

Signé FRÉDERIC GUILLAUME.

M. Carra à Paris. FEDOR.　　» *Potsdam, ce 15 Avril
1783* «.

Secondement, je n'ai point présenté cette
boîte au retour de ma mission qui n'a com-
mencé, par mon départ avec Prieur et Sillery, que le 24 Septembre, mais le huit de ce
même mois, c'est-à-dire, seize jours avant
mon départ, et douze jours avant la premiere
séance de la Convention, et quatorze jours
avant de savoir que je serois envoyé en commission; ce que je ne pouvois sûrement pas
deviner d'avance, je la présentai à la barre
de l'Assemblée nationale législative, en dé-
chirant une premiere lettre de Fréderic Guillaume, par laquelle il acceptoit ma dédicace.
En voici la preuve matérielle.

(19)

Extrait du procès-verbal de l'Assemblée nationale du 8 Septembre 1792, l'an premier de la république Françoise.

« M. Carra offre à la patrie une boîte d'or garnie de perles que le roi de Prusse lui a envoyée en 1783, pour la dédicace d'un ouvrage de Physique que lui avoit dédié ce citoyen.

« Il desire que ce don puisse servir à faire périr et ce tyran et Brunswick ».

« L'Assemblée nationale, en agréant cette offre, ordonne qu'il en soit fait mention honorable au procès-verbal, dont extrait sera délivré au donateur, visé par l'inspecteur. S. Q. Monnet ».

Collationné à l'original par nous secrétaires de la Convention nationale. A Paris, le 29 Juillet 1793, l'an II de la République françoise, une et indivisible. Signés DARTIGOYTE, secrétaire, THIRION, secrétaire, P. J. AUDOUIN.

Troisiemement cette même boîte avoit été achetée par l'agent du roi de Prusse, Croisilles, au petit Dunkerque. Le marchand de cette boutique, à qui on l'a fait voir par hasard après l'offrande, l'a parfaitement reconnue; elle est couverte d'émail rouge et de petites perles à demi coupées, et il témoignera, quand on voudra, que c'est lui qui l'a vendue en 1783, à l'agent du roi de Prusse, Croisilles.

L'offrande de la boîte d'or, la lacération de la premiere lettre du roi de Prusse, et le discours que je fis à cette occasion à la barre contre lui et tous les tyrans ses confreres, et qui a été inséré dans les journaux, n'annonçoient sûrement pas une grande disposition de ma part, dans la mission que j'allois remplir en faveur de cet imbécille ennemi de la liberté des peuples. C'est cependant l'ignorance où l'on étoit des détails et des preuves matérielles que je viens de donner, et que je n'ai jamais cru nécessaires pour justifier ma probité et mon républicanisme si bien connus depuis longtems, qui est cause de la fable que quelques journalistes et plusieurs membres de la Convention ont faite ou répétée sur ma mission aux armées de Kellermann et de Dumouriez, en disant que j'avois laissé évader le roi de Prusse. Je vais donc répéter au sujet de cette mission, ce que j'ai déjà dit et écrit plusieurs fois, soit dans mes feuilles, soit dans mon rapport à la Convention, et ce que Prieur,

Sillery et moi, avons mandé à la Convention elle-même, qui nous a témoigné sa satisfaction de notre conduite dans cette mission si calomniée.

Nous partîmes comme je l'ai déjà dit, le 24 Septembre 1792, Sillery, Prieur et moi, pour aller d'abord à Châlons ; où nous restâmes jusqu'au 28. De-là, au camp du général Duhouquet, où nous couchâmes, et ensuite à Sainte-Ménehould, où nous arrivâmes le 29, vers les 10 heures du soir, après avoir visité le camp de Kellermann et celui de Dumouriez ; et ce fut le lendemain 30, que Dumouriez nous fit dire, à six heures du matin, que le roi de Prusse, les Autrichiens et les émigrés avoient levé leur camp de la Lune et qu'ils battoient en retraite. Prieur de la Marne, membre du comité de salut public, qui ne nous a pas quittés une minute, et toute la ville de Sainte-Ménéhould et les deux armées de Kellermann et Dumouriez peuvent attester l'exactitude et la vérité de ces faits. Ainsi la seconde fable qui m'accuse d'avoir concouru avec Dumouriez à favoriser la retraite du roi de Prusse hors de la Champagne, tombe également dans le fatras d'absurdités et de calomnies dont on a voulu flétrir mon honneur et ma réputation. Six jours après cette retraite, Dumouriez, que nous avions à peine le tems de voir, (excepté à table où nous mangions tous les trois avec lui), partit pour Paris, et de-là pour la Belgique; et c'est la dernière fois que je l'ai vu, et il n'a jamais eu de mon écriture, ni moi de la sienne, ni avant ni après son départ. (Voyez les feuilles des annales des 24 Janvier, 12 et 25 Avril 1793, que je dépose sur le bureau du tribunal).

Le 11, nous reçûmes, par un décret, une lettre de satisfaction sur notre mission, de la part de la Convention nationale; ce qui n'est encore arrivé à aucun commissaire des Assemblées nationales. Voici cette lettre :

» *La Convention nationale a reçu, chers collègues, l'intéressante dépéche que vous lui avez adressée par le courier Court; l'offrir aux témoignages de la satisfaction de nos concitoyens, c'étoit y répondre. La Convention voit avec un extréme plaisir, le zèle que vous apportez dans la mission qu'elle vous a confiée; il nous est doux d'avoir à vous en offrir, personnellement, l'assurance «.*

» *Le bulletin que nous vous envoyons régulièrement, doit vous instruire de l'état des affaires. Vous verrez par-tout, une con-*

juration de bonnes nouvelles ; voilà les effets de la vraie liberté, vive la République Française ! «

Les Commissaires de la Correspondance,

Signé, D u c o s.

Ainsi, l'homme qui excitoit avec ses collègues, tant de satisfaction de la part de ses concitoyens, sur sa mission aux armées du centre, est calomnié un an après et traduit devant le tribunal révolutionnaire, pour cette même mission dont on n'a jamais voulu, sans doute, lire ni connoître les détails, quoique je les aie tous imprimés dans les annales. (Voyez les n^{os}. des 9, 22 et 23 Octobre), et que j'ai fait un rapport particulier à cette occasion. Ce rapport, imprimé par ordre de la Convention, et dont je déposerai un exemplaire sur le bureau du tribunal, explique tous les événemens de la Champagne. Personne ne l'a jamais refusé en rien. La calomnie ne réfute pas les faits ni les choses ; elle se contente de noircir les personnes sur des oui-dire, sur les caprices de son imagination ou sur la malice de sa basse jalousie et de sa mauvaise foi.

Il est prouvé dans ce rapport, que j'ai refusé, étant à Longwi, lorsque les ennemis eurent purgé le sol de la république, une en-

trevue qui m'avoit été proposée par le duc de
Brunswick et le roi de Prusse, à une lieue de
cette forteresse. J'atteste d'ailleurs sur ce fait,
le témoignage de notre collègue Prieur, celui
de Sillery, celui de Kellermann et de tous
les officiers qui composoient alors l'état-major
de ce général.

Outre ces témoignages qui sont bien positifs
et bien authentiques en faveur de ce que j'ai
avancé relativement à ma mission de l'année
dernière, aux armées du centre, est une
preuve complette de mon zèle et de la loyauté
de ma conduite ; j'ai à présenter ici le rapport
même de mon collègue, commissaire, Prieur
de la Marne, aujourd'hui membre du comité
de salut public. Je le dépose sur le bureau du
tribunal ; on y voit non-seulement avec quelle
ardeur et quelle continuité de travaux nous
nous sommes occupés tous les trois, lui, Sillery et moi, de tous les objets relatifs à l'administration des armées, des hôpitaux et à
la poursuite des traîtres ; mais encor la con-
firmation de tous les faits que j'ai cités sur la
retraite des Prussiens, sur le départ de Dumouriez et sur l'état de notre armée. Lisez,
page 4 du rapport, paragraphe 6.

» Le lendemain de leur arrivée à Sainte-
Ménehould, dit Prieur, vos commissaires ap-

prirent que *la nuit*, les ennemis avoient aban-
donné leur camp pour se replier vers les frontières. Nos armées se mirent à leur poursuite «.

Après avoir visité les camps abandonnés
par l'ennemi, et avoir été secourir les habitans des campagnes voisines totalement dé-
vastées, » vos commissaires, dit Prieur, (page
7, paragraphe 3), à leur retour à Sainte-Ménehould, apprirent que les Prussiens avoient
repassé les gorges de Grand-Pré, et que le général Dumouriez se diposoit avec son armée,
à retourner en Flandre, pour aller au secours
de Lille, bombardée à cette époque, et entrer
ensuite dans la Belgique, en laissant au général Kellermann, le soin de repousser les
ennemis jusqu'aux frontières «.

» Le général Dumouriez, leur annonça en
même tems, que tandis que son armée mar-
cheroit à sa destination, il se rendroit à Paris,
pour faire part de son plan à la Convention
nationale et au pouvoir exécutif «.

J'observe ici, que depuis que Dumouriez
est venu à Paris, se concerter avec la Convention et le pouvoir exécutif, pour ses plans
ultérieurs et y recevoir des éloges sur la retraite des Prussiens, il est d'une absurdité ré-
voltante de vouloir me faire, à moi, un crime

de ces plans et des évènemens de la campagne, à moi, qui n'avois, ainsi que mes collègues, que le pouvoir de visiter les camps et de rendre compte à la Convention, comme nous l'avons fait, de tout ce qui se passoit; à moi, qui n'ai vu Dumouriez, qu'au milieu des officiers et de son état-major, et qui l'ai vu très-rarement, et qui, depuis son départ de Sainte-Ménehould, ne l'ai plus vu du tout et ne lui ai jamais écrit une pause d'a; qu'au contraire, dans les n^{os}. des annales du 24 Janvier de cette année, j'ai dévoilé d'avance, avant la bataille de Jemmappes, les projets de sa perfide ambition. (Voyez ce n°. ainsi que ceux des 12 et 25 Avril dernier, je les dépose sur le bureau du tribunal).

» Vos commissaires, continue Prieur, sentirent combien il étoit fâcheux que le bombardement de Lille forçat le général Dumouriez à renoncer à la poursuite des ennemis, et ils résolurent de revenir à leur poste sur le champ; mais les armées combinées étoient encore sur le territoire François : Verdun et Longwi étoient en leur possession. L'accueil que faisoient les soldats à vos commissaires, la nécessité de pourvoir au rétablissement des administrations dans les villes envahies, celle de découvrir les traîtres qui avoient pu seconder les ennemis ; tout en un mot, détermina les commissaires à ne quitter l'armée que lorsque la terre de là liberté seroit totalement débarassée de la présence des tyrans et de leurs satellites «.

La Convention approuva notre résolution ; les ennemis furent chassés du territoire de la république. On s'en réjouit dans toute la France et sur-tout à Paris, et aujourd'hui c'est à moi, qui n'étoit point général et qui n'ai jamais eu le pouvoir de la fée merveilleuse, que l'on fait un crime de ce qu'avec 32 mille hommes seulement, on n'a pas pris au tribuchet, 70 mille hommes qui avoient deux jours de marche devant nous et qui faisoient une retraite impossible à empêcher, quand nous aurions eu 80 mille hommes, vu l'état affreux du tems, des chemins et le délabrement de de notre armée. Ecoutons Prieur sur ce fait.

» Les soldats de la république, dit-il, (pag. 21 du rapport 4ᵉ. paragraphe), ont éprouvé dans cette glorieuse campagne, des contradictions de tout genre, par l'intempérie de la saison, l'état affreux des chemins, le défaut de vêtemens, de souliers et de fournitures de toute espèce, ils ont toujours eu à combattre des *armées supérieures en nombre.* Mais rien n'a pu ralentir le feu sacré de la liberté dont ils sont tous embrasés «.

Prieur parle aussi des papiers et des lettres que nous avions prises sur des couriers ennemis; il auroit dû ajouter que nous avons adressé dans le tems au comité de sûreté générale de la Convention, outre 4 ou 500 lettres françoises que nous avions décachetées, et plus de 600 lettres allemandes qui contenoient sûrement des indices importans sur les plans de nos ennemis, et que bien loin d'en faire usage par la traduction, on n'en a plus parlé.

Et pour cette mission qui a duré quarante jours, et pendant laquelle nous avons été nuit et jour en mouvement Sillery, Prieur et moi avec un secrétaire et trois domestiques, nous n'avons coûté à la nation, que quatre mille sept cent l. pour tous nos frais! que chaque commissaire, envoyé aux armées, prouve autant d'économie et de probité; et les finances de la république iront b en. Je demande que ce fait de notre économie soit vérifié sur les registres du comité d'inspection de la salle, afin que la nation connoisse ses vrais amis et ceux qui la servent par un sentiment purement désintéressé!

Citoyens! demandez aux soldats de toutes les armées de la république et sur-tout aux anciens soldats de ligne, quel est le Publiciste républicain qui a pris mieux à cœur leurs intérêts en particulier et en général, qui a mieux développé et électrisé en eux le germe sacré du patriotisme, pendant près de quatre ans? quel est celui des commissaires de la Convention aux armées qui s'est occupé le plus fraternellement d'eux, et de leurs subsistances, principalement dans sa mission de l'année dernière aux armées du centre? ils vous diront à coup sûr, c'est le patriote Carra, le patriarche des soldats; et il s'indigneront des calomnies sous lesquelles les partisans secrets de l'Autriche, des émigrés et des tyrans coalisés, veulent le faire succomber sous un prétexte ridicule et faux de royalisme et de fédéralisme.

Il est une circonstance dont on n'a jamais parlé dans les calomnies lancées contre moi, et sur laquelle je dois des détails , parce que je me suis aperçu qu'en confondant tous les faits, on pourroit tirer parti de cette confusion pour m'inculper; je veux parler de ma mission du mois d'Août 1792 à Valenciennes et au camp de Maulde. Le ministre de la guerre, Servan, me chargea au nom de l'avis du conseil exécutif, Danton alors ministre de la justice, présent, d'aller voir l'état des choses à Valenciennes et au camp de Maulde ; on me remit en même tems un décret de l'Assemblée nationale qui nommoit Dumouriez général en chef de l'armée du Nord à la place de Dillon. Je partis de Paris le 18 ou le 19 d'Août avec le citoyen Bounica. J'allai voir, en arrivant, les citoyens Bellegarde, Dubois Dubay et Delmas, commissaires de l'Assemblée nationale à Valenciennes , et je remis à Dumouriez le décret qui le concernoit. Le surlendemain de mon arrivée Dumouriez me conduisit au camp de Maulde où je haranguai les soldats de la liberté, et où je fus très-bien accueilli. Le 23 ou le 24 du même mois, Dumouriez apprit par une voie directe, la prise de Longwy , et la fuite de Lafayette , et sur le champ il partit pour l'armée des Ardennes. Je restai encore deux ou trois jours avec les trois membres de l'Assemblée nationale , que je viens de citer , et pendant ce séjour j'assistai aux séances de la société populaire de Valenciennes , et fut chargé par cette société d'aller à sa tête , demander à la municipalité de Valencienn s le brisement de la statue pédestre de Louis XV en marbre , qui étoit sur la place de la maison commune , ce qui fut exécuté dans le jour. J'observe que dans les premiers jours de mon séjour à Valenciennes, mon conpagnon de voyage et moi mangeames à la table des commissaires de l'Assemblée nationale avec Dumouriez et quelques officiers génér aux .mais jamais avec Dumourier seul ; et revenant à Paris je m'arrêtai une demi - journée à Douay, et autant à Cambray où j'assistai aux séances des sociétés populaires de ces deux villes, et fis plusieurs discours patriotiques. Voilà des faits positifs, et le précis historique de ce voyage, sur lequel j'interpelle le témoignage du citoyen Bouuica mon conpagnon de voyage, et les trois commissaires de l'Assemblée nationale, en cas qu'on vueille jeter du louche et y trouver des prétextes d'inculpation.

Etrange phénomène de la perversité ou de l'erreur de mes accusateurs! toutes mes vertus, tous mes actes de patriotisme et de dévouement, tous mes sacrifices au bien de mon pays, tous mes efforts pour mériter l'estime de mes concitoyens, sont convertis en crimes.

Le 6 Février 1792, je remis à la société des Jacobins un assignat de 1000 liv. qui m'avoit été envoyé sous enveloppe, sans lettre et sans cachet, comme le prix d'un travail que le colonel *d'Apigny*, que j'avois vu trois fois tout au plus chez une hollandcise la demoiselle d'Alders, m'avoit demandé pour la conduite des ministres dans le sens de la constitution. Ce travail en forme de notes dont on me renvoyoit l'original, après en avoir tiré copie, dans la même envelope de l'assignat de 1000 liv. J'en fis lecture à la société, et elle en arrêta l'impression à ses frais, ainsi que du discours improvisé que j'avois fait sur la maniere dont cette somme m'étois parvenue, et dont je dépose un exemplaire sur le bureau du tribunal. Suit la teneur de cet arrêté : « *La société des amis de la constitution, dans sa séance du 6 1 évrier 1792, a décidé qu'un récit de M. Carra, et un projet de conduite adressé aux ministres, seroient imprimés aux frais de la société, et envoyés aux sociétés affiliées.*

Signé Brousconet Président, Loustalot L. Bose, J. M. Borand, J. B. Louvel, Cambon Fils ainé, F. Polverel Fils, Sécrétaires.

Et aujourd'hui, c'est un crime d'avoir offert à la patrie cette somme que je regardois comme une tentative pour me corrompre, et qui me donnoit une occasion vraiment unique dans mon discours de développer le système de corruption par lequel la cour cherchoit

choit à se faire des partisans ! un crime d'ap-
porter 1000 liv. à la société des Jacobins ,
dont 500 pour les braves ci - devant gardés
françoises , et 500 liv. pour fabriquer des
piques ! Ah ! sans doute , je n'y pensois pas ,
ce trait brûlant de générosité patriotique est
inconcevable ; il y a encore trop peu d'hommes
en état d'en donner l'exemple et par conséquent de le concevoir dans les autres.

On me reproche d'avoir voulu inspirer de
la sécurité sur les dispositions hostiles de la
Prusse contre nous. On ne se rappelle donc
pas qu'un des grands crimes de Capet , et
de son ministre Chambonas , dénoncé pour
ce fait , à l'Assemblée nationale aux premiers
jours d'Août 1792 , est de n'avoir pas communiqué à l'assemblée les nouvelles certaines
qu'ils avoient de la marche des Prussiens
sur nos frontieres. C'est ce silence perfide
qui avoit causé les incertitudes dans lesquelles
plusieurs journalistes , moi sur-tout , s'étoient
trouvés peu de tems avant l'arrivée des Prussiens dans le Luxembourg ; car je ne calculois
encore malgré les préparatifs faits à Berlin
que sur le véritable intérêt politique de la
Prusse qui étoit d'amuser l'Autriche par des
apparences , et non sur la lâche et effective
condescendance de Frédéric Guillaume aux

projets ambitieux et vindicatifs de sa plus mortelle ennemie, la cour de Vienne.

Voyez d'ailleurs l'article des annales du 13 Juillet 1792, où je dénonçois la connivence de Capet avec le roi de Prusse; c'étoit un avis assez important, dans le tems où l'on n'avoit nulle communication officielle des préparatifs hostiles de la cour de Berlin. D'un autre côté, je n'étois point dans les secrets de Frédéric Guillaume; ni de Capet, et lorsque je découvris à nu la fourberie de la Prusse dans la déclaration de Brunswik, vers les premiers jours d'août; alors je la relevai, et continuai dans douze articles suivans et antérieurs à l'abolition de la royauté à dévoiler la turpitude de Guillaume et de Brunswik. Les préparatifs de l'Autriche n'étoient pas douteux, mais la cour ci-devant des Thuileries nous amusoit encore là-dessus, en Avril 1792. Voyez l'article des annales du 19 Avril 1792.

Outre les preuves autenthiques et matérielles que je viens de citer dans les 12 articles des *annales*, depuis le 3 Août jusqu'au 23 Septembre 1792, de mon horreur pour la royauté et de mon indignation contre les chefs des armées combinées qui avoient osé souiller le sol de la liberté, je vais montrer encore, par la suite des événemens, combien il y avoit eu d'adresse de ma part (et combien cette adresse est méritoire envers la patrie) à faire en Juillet 1792, un éloge pompeux de Brunswik. C'étoit peu après qu'il fut nommé généralissime de toutes les armées combinées d'Autriche et de Prusse, et que les plus grands généraux Autrichiens, Hohenloe et Clairfaït etoient sous ses ordres directs et immédiats. Or cet éloge tendoit dans mon intention, (comme cela est arrivé ensuite par le fait) d'une part à mettre les prétentions de Brunswik et son orgueil flatté en opposition totale avec les vues de l'Autriche et même de la coalition entiere, et de l'autre part à la rendre suspecte à la cour de Vienne, aux généraux Autrichiens qui commandoient sous lui, et même à la cour d'Angleterre, puisque de l'éloge du duc d'York en 1791 , j'avois sauté à celui de Brunswik en Juillet 1792. Les soupçons contre se généralissime se sont accrus lorsqu'on a su que le même homme qui avoit fait un pompeux éloge de lui en Juillet , étoit envoyé en commission par la Convention nationale aux armées du centre ; on ignoroit sans doute alors, chez les autrichiens comme ici, que mon éloge de Brunswik n'étoit qu'une mistification républicaine de tous les tyrans coalisés, et que je n'avois jamais eu aucune espece de relation directe ni indirecte avec lui, ou avec ses agens, ce dont Brunswik conviendra lui-même probablement, s'il écrit l'histoire de sa campagne dans la Champagne pouilleus ; et je regarde la levée subite du camp de la Lune, le lendemain de mon arrivé à Ste.-Ménéhould le 3o Septembre 1792 , plutôt comme un effet certain des soupçons dirigés contre Brunswick que de l'embarras où étoient les armées des tyrans coalisés ; car ce furent les généraux Autrichiens et les émigrés qui partirent les premiers , en se séparant avec beaucoup d'humeur, de l'armée prussienne qui est la seule dont nous ayons pu atteindre quelque fois les arriere-gardes. Mais ce qui est incontestable de l'effet de ma politique et des soupçons que j'ai dirigés si adroitement sur ce fameux Rodomont Brunswick, c'est qu'il n'a point été cette année comme l'année derniere , généralissime des armées coalisées ; que Cobourg l'Autrichien l'a remplacé en cette qualité, et qu'on s'est contenté de lui donner au - delà du Rhin une division, de vingt à vingt-cinq mille hommes de troupes Hessoises et prussiennes. Ainsi ce pompeux éloge de Brunswick dont on veut me faire aujourd'hui un crime, a pourtant paralysé les talens, l'ambition et la malveillance contre nous de ce bravache, en même tems qu'il a troublé les plans de la coalition, et semé la division entre tous ces loups affamés qui dévoroient déjà en idée la République de France; et si, au lieu de nous diviser et de nous persécuter avec tant d'acharnement, comme nous l'avons fait jusqu'à présent, nous eussions eu le bon esprit et la bonne politique de profiter à tems de la division bien évidente de nos ennemis extérieurs, il n'en resteroit pas un seul aujourd'hui sur nos frontières.

Parlons maintenant de ma mission dans la Vendée sur laquelle on n'a peut-être pas trouvé de fable contre moi, mais que je suis bien aise de faire connoître de nouveau à mes concitoyens, depuis le 16 Mars dernier jusqu'au 20 Avril suivant, tems de mon séjour à Fontenay-le peuple, que les rébelles ont été battus 17 fois par l'armée que mon collègue Auguis et moi avons, pour ainsi dire, créée et organisée avec le secours des braves généraux Chalbos, Nouvion et Dayas; et jamais nous n'avons essuyé aucun échec dans cet intervalle. C'est à Fontenay-le-peuple, que je fis avec mon collegue, plusieurs proclamations imprimées dont le comité de salut public a reçu différens exemplaires, entr'autres, une dans laquelle je mettois à prix la tête de tous les chefs des rébelles, celle surtout de Gaston, leur général en chef. Interrogez sur ces faits mon collegue Auguis, le citoyen Buhot sécrétaire de la commission, toute l'armée, et toute la ville de Fontenay-le-peuple. Interrogez aussi les quarante grenadiers de Saumur faits prisonniers à Cholet vers la fin d'Avril, et qui ont été délivrés par mes soins, sans échange, au commencement de Mai, tems de mon arrivée à Saumur. Ils vous diront ces braves peres de famille comme ils l'ont dit devant plus de cent témoins à Doué, au sortir de leurs prisons, que les rébelles avoient témoigné plusieurs fois, en parlant de moi, le desir de me prendre, et de me charger de fers, et que pour m'avoir ils donneroient bien trois ou quatre cent prisonniers qu'ils tenoient encore à Chollet. Interrogez le citoyen Cavoleau, président de l'administration du département de la Vendée lors de la prise de Fontenay-le-peuple par les rébelles, le 26 Mai dernier, et tous les habitans de cette ville; et ils vous diront que les rébelles ont mis ma tête à prix par une affiche, et m'ont fait chercher par-tout dans cette même ville, croyant que j'y étois enco-

ro , le lendemain de leur victoire. Delaunay
le jeune et Dandemac , mes collegues dans
la commission centrale de Saumur, témoigne-
ront aussi sur ce que j'ai fait pendant mon
séjour d'une grande partie de Mai dans cette
ville de Saumur ; je les cite comme devant
être entendus spécialement sur ma conduite
publique et privée , car nous vivions tous dans
la même maison.

Un grand nombre de pièces viendroient à
l'appui non-seulement de ma justification ,
mais des éloges que j'ose dire avoir mérités
dans mes différentes commissions aux départemens de la Vendée , des deux Sevres et de
la Mayenne et Loire , si mes papiers que je
laissai dans la maison de la commission centrale à Saumur n'avoient été pris ou brûlés
par les rébelles lors de la prise de cette ville
le 9 Juin dernier. J'étois parti pour Paris
avec Julien de Toulouse le 29 Mai , et à
mon retour de Paris je me trouvai à Tours ,
le jour même de la prise de Saumur que j'ignorois par conséquent , et que je n'appris que
le 11 Juin à Poitiers , en me rendant à Niort
où j'allois voir l'état de l'armée stationnée dans
cette derniere ville. J'ai eu le malheur à la
vérité de ne pas plaire à quelques-uns de
mes collegues commissaires , mais au moins,

ils ne peuvent me refuser leur estime , ni la justice qui m'est due. Ce que j'ajouterai d'ailleurs , et ce qui est incontestable , c'est que depuis mon rappel les choses ont été de mal en pis dans les départemens insurgés.

On m'a accusé d'avoir favorisé le général Quetineau , et de l'avoir délivré de prison. C'est encore de la part de mes accusateurs , une de ces erreurs qui n'arrivent que trop souvent quand on n'a que de faux renseignemens sur les choses , et quand la passion seule fait agir. Après l'affaire de Thouars , du 5 Mai dernier , où Quetineau fut obligé avec 2200 hommes seulement , de céder à près de 3o mille rébelles ainsi que cela est arrivé malheureusement plusieurs fois depuis , à d'autres généraux , dans des cas moins dangereux peut-être ; Quetineau s'échappa pour se rendre à la hâte auprès du général Leygonier qui me l'envoya à Saumur. Instruit par différens détails sur le combat de Thouars que Quetineau , que je n'avois jamais vu auparavant , mais dont on m'avoit toujours dit beaucoup de bien , étoit plus malheureux que coupable, je me contentai de lui donner la ville de Saumur pour prison jusqu'à l'arrivée de mes collegues qui devoient former la commission centrale.

Quetineau se présenta chaque jour chez moi et au district; et lorsque la commission fut assemblée, nous l'envoyâmes en prison au château de Saumur. Je signai l'arrêté de la commission à ce sujet comme mes collègues.

Je cite, en témoignage de ces faits, mes collègues Dandenac et Delaunay jeune, qui ont resté constamment à Saumur jusqu'à la prise de cette ville au 9 Juin dernier.

Comme il n'y a aucun fait spécifié dans le rapport d'Amar, qui contient l'accusation contre moi, je dois à tout hasard parler de l'inculpation calomnieuse qu'on n'a cessé depuis trois mois de rabacher sur ma séance du 8 Juin dernier, au département de Loir et Cher, à Blois.

Je répète donc ce que j'ai déjà imprimé trois ou quatre fois, et j'abjure en témoignage tous les administrateurs municipaux et autres citoyens qui se trouvoient à cette séance. 1°. Que je n'ai point parlé, ni prononcé même le mot de force départementale, mais celui de GARDE départementale pour la Convention nationale.

2°. Que je n'ai parlé de cette garde départementale, que comme d'une mesure qui alloit être proposée à la Convention nationale elle-même, par deux députés extraordinaires de la Charente que j'avois rencontrés chez le maire d'Orléans, le jour même de mon arrivée à Blois.

3°. Qu'en interprétant cette proposition des deux députés de la Charente, je n'ai dit autre chose, sinon qu'elle me paroissoit pouvoir être, dans le moment, un moyen de conciliation avec tous les départemens qui tendroient au fédéralisme, et pour la suite un moyen de fixer à jamais les Assemblées nationales à Paris; et que, sous ces deux rapports, quoique j'eusse blâmé auparavant, dans les annales, le système d'une garde départementale pour la Convention, (voyez la feuille de ces annales du 17 Novembre 1792), je croyois que dans les circonstances actuelles où la discorde se préparoit à allumer de toutes parts les torches de la guerre civile, le département de Loir et Cher, ainsi que les autres départemens, pourroient, sans inconvénient, adhérer à la proposition qui alloit être faite par les deux députés de la Charente, et qui ne le fut pas, parce que ces deux députés, en entrant à Paris, reçurent un courier de leur département qui les rappeloit à Angoulême.

4°. Que dans tous mes discours à cette occasion, les membres des corps administratifs, et

(43)

les autres citoyens présens, n'ont pu remarquer
qu'un zele pur et une intention bien pro-
noncée pour la paix et l'union entre tous les
individus, ainsi que pour l'unité et l'indivisibilité de toutes les parties de la république.

Et 5°. que je suis arrivé à Blois le 7 Juin
dernier vers les neuf heures du soir, et que
j'en suis parti le lendemain 8 à une heure
après midi, au sortir de la séance des corps
administratifs, étant pressé de me rendre à
Tours. Or comment, en si peu de tems, sup-
poser à un homme la tentative de lever une
force départementale?

SUR MON PRÉTENDU ROYALISME.

C'est pour mieux cacher mon jeu, disent
les journalistes orduriers, les calomniateurs
autrichiens, que jai attaqué les rois dans mes
écrits. Oui, c'est pour les servir que depuis
quatre ans, presque journellement, j'ai dévoilé dans les *annales patriotiques* et dans
mes discours aux Jacobins, leurs complots,
leurs traités et leur politique perfide et astu-
cieuse. (Il y a plus de trois cent articles con-
tr'eux tous dans les annales depuis le 14 Juillet 1789, jusqu'au 31 Juillet dernier;) que
j'ai fait des adresses traduites en Allemand à

leurs peuples et à leurs soldats; (voyez les annales du 5 Septembre 1792;) que j'ai imprimé le 20 Septembre 1792, le portrait du roi de Prusse actuel; (voy z cet article aux annales; que j'ai déchiré sa lettre et offert à l'Assemblé nationale la boîte d'or qu'il m'avoit envoyée il y a dix ans; que je l'ai traité *d'illuminé*, et Georges d'Angleterre, *d'imbécille*. (Voyez les annales des 13 Février, 4 Mars et 2 Mai 1793). Que j'ai dénoncé les centaines de millions volés à la nation, par la maison d'Autriche; dénonciation qui s'est parfaitement vérifiée, ainsi que celle de la suite de Capet, en Juin 1791, prédite par moi au jour nommé, deux mois auparavant. (Voyez, pour les millions volés, les *annales* du 5 Mars 1793). Que j'ai cherché à mettre entre tous les tyrans coalisés, la défiance, la jalousie et les divisions, objet où j'ai beaucoup plus réussi qu'on ne pense. C'est encore pour servir la royauté que j'ai inséré dans les *annales* du premier Septembre 1792. L'observation suivante · *signé*, CARRA.

»*Nous invitons toutes les assemblées électorales d'exiger des députés qu'il nommeront à la Convention nationale, de ne jamais proposer ni roi, ni royauté, sous peine d'être enterrés tout vifs, dans leur département à leur retour* «.

(45)

Enfin c'est pour être d'accord avec les rois
ou tyrans d'aujourd'hui, que vingt-ans avant
la révolution, j'ai imprimé à Londres, mon
systéme de la raison, dans lequel on trouve
une épitre *aux-prétendus maîtres de la
terre*, qui sera transcrite ci-après dans ce
précis.

Puisqu'on n'a pas rougi de m'accuser de
royalisme jusques dans le sein de la Convention nationale, voyons, par des preuves matérielles et publiques, qui, de mes principaux
accusateurs ou de moi, est le plus royaliste
ou le plus déterminé républicain.

Dans mon article aux annales du 23 Septembre 1792. Je m'exprime ainsi :

» *L'état de roi est un état contre nature,*
» *je l'ai dit il y a long-tems; (plus de cent*
» *fois en 1789, 1790, 1791, 1792 et 1793).*
» *Et cette vérité étoit suffisamment démon-*
» *trée par la suite non interrompue de*
» *crimes, de forfaits et d'actes de démence*
» *que les rois ou tyrans couronnés, (ces*
» *deux mots sont synonimes) ont commis*
» *dans tous les siécles et dans tous les pays.*
» *Le systéme de la royauté est donc une*
» *absurdité en morale, un vrai contre-sens*
» *aux droits de l'homme et à la souve-*
» *raineté des nations, et une véritable lèpre*

» *dans les corps politiques. La providence*
» *soit louée ! Nous sommes guéris de cette*
» *maladie: la royauté est abolie en France,*
» *ect. ect.* ».

Plus d'un an avant l'abolition de la royauté,
voilà ce que j'écrivois dans les annales du
8 Juillet 1791 , sur la grande question d'une
république en France :

ART. III. 8 *Juillet* 1791 , *signé* , CARRA.

Sur la grande question d'une république
en France.

C'est le moment ou jamais d'éclaircir·la
question , d'en développer les principes, et de
la présenter candidement sous son véritable
point de vue, afin de fixer sur elle l'opinion
publique, et de déterminer entièrement nos
idées et nos actions à ce sujet. Supposons que
les Etats-Unis d'Amérique , qui ne compor-
tent en ce moment que trois millions sept à
huit cent mille hommes dans une étendue
trois ou quatre fois aussi grande que la France ,
se trouvassent peuplés dans deux ou trois ans,
par des émigrations considérables, de vingt-
cinq à trente millions d'individus , je demande
s'il s'ensuivroit pour cela que les Etats-Unis
seroient forcés d'admettre le gouvernement

monarchique ? Ceci est pour répondre à ceux qui, comme M. Alexandre Lameth, ne cessent de dire qu'une grande nation ne peut comporter l'état républicain, et qu'elle doit être absolument une monarchie jusqu'à la fin des siècles.

Ce *dictum*, répété si souvent par les courtisans et par ceux dont la vue ne s'étend pas au-delà du passé et du présent, ne m'a jamais paru qu'une puérilité bien facile à détruire à la première occasion. Quoi ! parce qu'on a lu dans l'histoire ancienne que les républiques grecques étoient composées d'un petit nombre d'hommes, et que les monarchies égyptienne, assyrienne et persane comportoient plusieurs millions d'individus, on en concluroit que la France, quelque progrès qu'aient pu faire la raison et la philosophie universelles, ne peut jamais être une république, mais toujours une monarchie ! Mais la république romaine, dans les beaux jours de sa gloire, étendoit son empire sur une population au moins aussi considérable que celle de la France. Quoi ! parce qu'un peuple peut compter au nombre de ses concitoyens vingt-cinq millions d'individus au lieu d'un ou de deux millions, il sera indigne de l'état républicain te incapable de se gouverner par lui-même !

il lui faudra toujours un mangeur d'hommes en chef, sous le nom magique et inintellgible de *roi* ou *monarque*, décoré d'une couronne ou d'un sceptre, et placé là comme un terme pour y recevoir seul les hommages de toute la nation, et y conserver seul, au-dessus de la loi, la prérogative des Dieux, l'inviolabilité! Oh! qu'elle est étroite la conception de ceux qui vous débitent tant de niaiseries sur la nécessité absolue d'une éternelle monarchie pour la France! Ils ne voient pas, ces pauvres hères, que c'est le préjugé qui agit encore dans toute sa force chez eux, et qui tord, pour ainsi dire, toutes leurs idées constitutionnelles. Laissez venir la génération suivante, cette génération qui n'a point sucé le venin monarchique et aristocratique dans son enfance, cette génération qui commence ses conceptions là où finissent les nôtres, et l'on verra ce que peuvent les progrès de la politique nationale, dont nous avons à peine conçu aujourd'hui les premiers élémens.

Après avoir démontré en peu de mots que c'est la plus pitoyable de toutes les erreurs, de croire qu'une nation de 25 ou de 100 millions d'hommes même ne peut pas résoudre son gouvernement en république, nous allons

dire

dire notre opinion à ce sujet pour l'état instan-
tané des choses.

Sans doute la France peut devenir et de-
viendra à coup sur une république, ainsi que
toutes les autres nations de la terre; car le
grand système physique de l'univers, qui ré-
git le système moral et politique du genre
humain, est lui-même une véritable république; (ce que j'ai démontré il y a quelques
années dans les *nouveaux principes de physique*, 4 vol. *in-8°*.) mais pour arriver à ce
gouvernement céleste, il faut être préparé par
une régénération générale et décidée de
mœurs, de principes et d'idées; il ne suffit pas
d'avoir ouvert les yeux sur l'immoralité in-
corrigible des rois et sur leur caractère né
féroce, dissimulé et tyran, il faut que la
grande majorité des citoyens d'un empire
prêt à se résoudre en république, ait déjà non-
seulement la connoissance intime de tous leurs
devoirs réciproques, mais la pratique de ces
devoirs et le sentiment profond de leur va-
leur morale et de leur dignité politique. Sans
doute la nation a déjà fait de grands progrès
en ce genre; mais elle n'a pas encore atteint,
suivant moi, cette homogénéité et cette force
générale de caractère qu'il faut à des républicains confédérés en quatre-vingt-trois dépar-

temens. Je pense donc que nous devons encore couler la constitution pendant quelques années sous la forme monarchique, en donnant un conseil électif d'exécution au fils de Louis XVI, conseil dont la présidence changeroit tous les trois mois, et dont chaque membre, élu par la nation, seroit responsable de sa conduite publique. Si le jeune et nouveau chef du pouvoir exécutif forme son ame aux vrais principes de la justice, de la raison et de la vertu, il proposera de lui-même, dans l'âge mûr, la république françoise; si, au contraire, il est faux, méchant, ambitieux et amoureux du pouvoir arbitraire, comme M. son père et madame sa mère, la nation saura bien prendre alors son parti elle-même.

C A R R A.

N. B. Cette opinion a été développée dans de plus grands détails à la tribune des Jacobins, il y a environ douze jours, par l'auteur même de cet article.

Et vingt-un ans avant la révolution j'imprimai dans mon système de la raison l'épître suivante :

Aux prétendus maîtres de la terre.

» Fléaux du genre humain, illustres tyrans
» de vos semblables, hommes qui n'en avez

» que le titre , rois , princes , monarques ,
» empereurs , chefs souverains , vous tous
» enfin, qui en vous élevant sur le trône et
» au-dessus de vos semblables, avez perdu
» les idées d'égalité, d'équité, de sociabilité ,
» de vérité, et en qui la sensibilité , la bonté
» et le germe des vertus les plus ordinaires
» ne sont pas même développés ; je vous
» assigne au tribunal de la raison. Ecoutez :
» si ce globe malheureux en roulant silen-
» cieusement au milieu de l'Ether, entraîne
» avec lui tant de milliers d'infortunés atta-
» chés à sa surface et enchaînés aux décrets
» de l'opinion : si ce globe, dis-je, a été votre
» proie et si vous en dévorez encore aujour-
» d'hui le triste héritage, ce n'est point à la
» sagesse de vos prédécesseurs, ni aux vertus
» des premiers humains que vous en êtes re-
» devables ; c'est à la stupidité, à la crainte, à
» la barbarie, à la perfidie et à la supersti-
» tion ; voilà vos titres : ce n'est point moi qui
» prononce contre vous , c'est l'oracle des
» tems ; ce sont les annales de l'histoire ;
» ouvrez - les , elles vous instruiront mieux
» sans doute ; et les monumens multipliés de
» nos misères et de nos erreurs en sont des
» preuves que l'orgueil politique et le fana-
» tisme religieux ne peuvent point révoquer
» en doute «.   D 2

« Mais s'il est possible que l'air pur de
» la raison puisse un instant modifier vos
» organes ; s'il est possible que le génie de
» la vérité puisse enflammer un moment votre
» cœur, chassez loin de vous l'essaim ve-
» nimeux de vos flatteurs, descendez de votre
» trône, et déposant sceptre et couronne, allez
» interroger le dernier de vos sujets ; deman-
» dez lui ce qu'il aime véritablement, ce qu'il
» hait le plus, et ce qu'il lui faut pour vivre
» content : il vous répondra à coup sûr, qu'il
» n'aime véritablement que ses égaux, qu'il
» hait ses maîtres, et qu'il se contente du sim-
» ple nécessaire. Etudiez ensuite le système
» de la raison, et le code des loix naturelles,
» vous y reconnoîtrez sans peine la vérité de
» ce que cet homme vous aura dit ; vous
» sentirez la nécessité sacrée d'une égalité
» civile parmi tous, d'une liberté relative,
» d'une propriété raisonnable, et d'une sécu-
» rité individuelle pour tous également. Vous
» frémirez de la distance infinie que l'orgueil
» des rangs et l'absurdité du pouvoir souve-
» rain ont mis entre vous et l'équité, entre
» vous et le bonheur. Vous pleurerez sur les
» maux affreux, sur les injustices cruelles dont
» vous aurez accablé vos infortunés esclaves ;
» et foulant aux pieds ce sceptre et cette cou-
» ronne que la force et la stupidité vous ont

« donnés, et que vous ne pouvez conserver
« sans risquer de devenir le tyran le plus cruel;
» vous irez, je n'en doute pas, renverser
» le temple que la sotte opinion vous a dressé,
» et graver sur un bronze immortel les vraies
» loix de la nature, et le vrai systême du bon-
» heur.

» Puisse l'un de vous seulement entendre
» ce langage, et donner l'exemple aux au-
» tres. «

Telles étoient mes opinions, et mon cou-
rage vingt ans avant l'abolition de la royauté
en France; telles elles étoient en Juillet
1791, du tems de la constitution des Barnave
et des Chapelier; telles elles étoient le 23
Septembre 1792, et telles elles seront toujours.
Ainsi la conduite de toute ma vie se rapporte
à un principe unique, la haine des rois, et
l'ardent amour de la liberté des nations, et
de l'égalité des droits, et c'est sur ce principe qu'il est juste et facile de me juger. Je
vais citer maintenant Robespierre lui-même
dans son adresse aux François, publiée en
1791, dans le tems même que j'établissois
dans mon article du 8 Juillet 1791 : que la
France devoit être et seroit infailliblement
une république, sans roi. On verra en quoi
Robespierre et moi différions sur ce point,

tout en étant d'accord sur les mêmes principes de justice et de raison universelle, et nous plaignant également des calomniateurs, des émissaires des cours étrangeres.

Extrait de l'adresse de Robespierre aux François; 1791.

Page 1. Mes ennemis me dénoncent comme un ennemi de la constitution. (de 1790.)

Page 2. Avant tout, qu'il me soit permis d'envoyer une regle assez sure pour me juger. Si je puis rapporter toute ma conduite à un principe unique et que ce principe soit honnête et pur, de quel front mes adversaires pourroient-ils lui chercher des motifs coupables, et me mettre au rang des ennemis de ma patrie? Je vais ici leur révéler moi-même le secret de cette roideur inflexible qui leur a tant déplu, et qu'ils ont érigée en crime, depuis qu'ils se croyent assez forts pour m'opprimer.

Robespierre, ne puis-je pas dire la même chose aujourd'hui, et répéter ce que tu écrivois dans ta lettre à Pétion page 477 du recueil de tes lettres à tes commettans : « J'en suis venu au point de soupçonner que les véritables héros ne sont pas ceux qui triomphent; mais ceux qui souffrent. » J'étois ré-

(55)

publicain, comme tu le vois, 15 ans au moins
avant toi. Mais continuons.

« J'avoue continue Robespierre dans la page
2 , que je n'ai jamais regardé cette déclaration
des droits comme une vaine théorie, mais
bien comme des maximes de justice universelles, inaltérables, imprescriptibles , faites
pour être appliquées à tous les peuples. «

« J'ai crû que le pouvoir du despotisme
et les malheurs des nations n'étant autre chose
que la violation des droits imprescriptibles
de l'homme, la véritable mission des représentans du peuple étoit de ramener la législation
à ce principe. »

Page 4. » J'ai cru qu'il ne restoit qu'à seconder l'élan généreux des François vers la
liberté, en leur présentant des loix toujours
puisées dans les principes éternels de la justice. «

Ce sont les maximes que j'ai aussi prêchées
de mon côté, Robespierre , et que je me flatte
d'avoir pratiquées : on peut me sacrifier à la
vengeance des meneurs autrichiens ; mais
on ne me reprochera jamais, à moi de les
avoir violées.

Page 8. « Quant au monarque, continue
Robespierre, je n'ai point partagé l'effroi
que le titre de roi a inspiré à presque tous

les peuples libres , pourvu que la nation fût mise à sa place , et qu'on laissât un libre essor au patriotisme ; je ne craignois pas la *royauté* ni même *l'hérédité* des fonctions royales dans une famille. Ces opinions pourroient n'être que des erreurs, mais à coup sûr ce ne sont point celles des esclaves ni des tyrans. »

Je ne t'accuse pas , Robespierre de ton opinion sur la royauté , ni sur l'hérédité des rois , parce que cette opinion est antérieure à l'établissement de la république ; mais pourquoi m'as tu accusé toi, de mes opinions sur un changement de dynastie qui est bien moins dangereux aux yeux de la politique et de la philosophie que l'hérédité des familles de tyrans , quand ces opinions étoient également antérieures à l'abolition de la royauté en France. Les principes sacrés des droits de l'homme et ceux de la justice éternelle sont pour les autres comme pour toi.

Page 15. Les chefs de la coalition avoient eu soin de répandre que nous étions les chefs d'un prétendu parti républicain. On savoit bien que nous n'avions jamais combattu ni *l'existence*, ni même l'hérédité de la royauté. On n'étoit pas assez stupide pour ignorer que ces mots *république et monarchie n'étoient que*

que des *termes vagues et insignifians* , pro-
pres seulement à devenir des noms de sectes
et des semences de division ; mais qui ne
caractérisent pas une nature particuliere de
gouvernement; que tout état libre où la nation
est quelque chose , est une république , et
qu'une nation *peut être libre avec un monarque;* qu'ainsi république et monarchie
ne sont pas deux choses incompatibles. ».

Si j'avois jamais avancé un tel paradoxe
je ne me croirois point un philosophe républicain. C'est aux êtres pensans de ce siècle
et à la postérité à en juger.

Page 20, « Il y a une méchanceté profonde
à diriger contre un homme un genre d'accusation qui le force à se justifier des choses
qui lui sont avantageuses , et à irriter ainsi la
haine et l'envie des malveillans ».

Ah ! Roberspierre tu te plains de tes ennemis ; que dois-je donc dire des miens , moi
qui étois un républicain déterminé dix-huit
ans avant que tu écrivisses que *la république
et la monarchie n'etoient pas incompatibles ;* moi qui ai tant d'écrits à citer en ma
faveur avant la révolution même ; moi
dont la probité, j'ose le dire, est au moins
aussi intacte que la tienne, quand en sortant
de l'abbaye , on m'a mis avec mes cinq collé-

gues dans un noir cachot contenu dans un autre cachot obscur de la conciergerie, sur de la paille puante, couverte de vermine, après m'avoir ôté mes boucles, mes ciseaux, mon papier, mes plumes. et un peu de vin que je tenois à la main, et cela par les ordres d'un administrateur de police qui a été laquais d'une ci-devant marquise demeurant à Popincourt ; ah Roberspierre ! comme les tyrans coalisés, les Autrichiens, les Prussiens et les Anglois doivent rire de mes maux, et de tes erreurs si désastreuses pour un vrai ami de la liberté et peut-être pour la liberté elle-même.

Je pourrois citer encore d'autres paragraphes de l'adresse de Robespierre aux François où il paroît être en contradiction avec la pratique des maximes dont il décrit la théorie ; mais il est tems de cesser cette discussion ; elle nous est également fâcheuse.

J'ai donc prouvé matériellement et par des piéces authentiques qui sont entre les mains de près de douze mille abonnés aux *annales patriotiques*, et qui par conséquent passeront à la postérité, 1°. que depuis vingt ans j'étois et suis toujours un républicain déterminé et l'ennemi constant des rois, de la royauté et de la tyrannie, 2°. que ma mission de l'année derniere à l'armée du Centre dont toutes les

(59)

démarches ont été communes avec moi et
Prieur de la Marne , membre du Comité de
Salut Public , puisque nous ne nous sommes
pas quittés un seul instant ni jour ni nuit,
jusqu'à notre retour à Paris, que cette mission
dis-je a mérité des éloges au lieu d'être soup-
çonnée ou blâmée, 3°. que j'ai le premier
dénoncé dans les *annales*, l'ambition perfide du traître Dumouriez , et montré la
plus vive indignation contre lui ; 4°. que
je n'ai eu ni pu avoir aucune part , aucun rapport dans une conspiration quelconque , n'ayant eu aucune espéce d'habitude ni
même de fréquentation ordinaire avec aucun
de mes collegues accusés; 5°. que mes opinions
politiques sur un changement de dynastie et
sur l'éloge d'un prince étranger , n'étoient
évidemment de ma part qu'une intention
marquée de rompre la coalition des tyrans
contre nous en semant la jalousie et la division
parmi eux ; et que ces opinions politiques
spontanées ont été publiées longtems avant
l'établissement de la république en France;
6°. que loin d'avoir eu aucune idée de fédéralisme j'ai prêché constamment et publique-
ment l'acceptation de la constitution et l'unité
et l'indivisibilité de la république ; 7°. et enfin
que j'ai voté contre l'appel au peuple , pour

la mort du tyran et contre le sursis, et que
j'ai demandé que chaque membre de la Convention rendît compte de sa fortune à la fin
de la session.

J'ai dit ; je me tais, et j'attends en silence
mon jugement de la justice, de la sagesse et du
vrai patriotisme de mes juges.

Signé, CARRA.